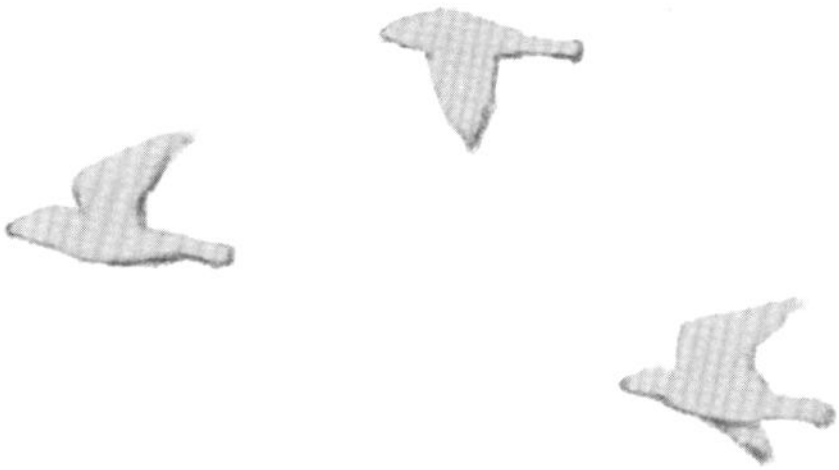

ネットワーク『地球村』代表

高木善之

非対立

Y. Takagi

まえがき

「人は誰でも幸せを願っている。なのに、なぜみんな幸せになれないのだろう」

私は昔から、このことが疑問だった。

「人はみんな幸せな社会を願っているのに、なぜ現実は幸せではないのだろう」

「人はみんないい国を望んでいるのに、なぜ現実はいい国とはほど遠いのだろう」

「人はみんな平和を望んでいるのに、なぜ現実は平和とはほど遠いのだろう」

私は、子どもの頃からこんなことを考えていた。

交通事故に遭って寝たきりの1年も、このことばかり考えていた。

長く長く考え続けた結果、ついにその意味とその答えがわかった。

それは驚くほどシンプルなことだった。

多くの人がこのことを理解すれば、ほとんどの問題が解決できるということがわかった。

「非暴力」は暴力を振るわないこと。

しかし、暴力を振るわなくても、怒りや「自分が正しい」という気持ちがあれば、対立を生み、問題解決ができなくなる。

対立は、相手には暴力と同じだと思われることもある。

だから怒りや「自分が正しい」という気持ちを持っている限り、問題解決は困難だ。

「非対立」は怒りを持たないこと、「自分が正しい、相手が悪い」という対立の気持ちを持たないことなのだ。「共に問題を解決しよう」という気持ちを持つことなのだ。

私は長く環境と平和の活動を通して、「非対立」で多くの困難を解決した経験がある。

だからこそ、多くの人に「非対立」を知ってもらい、実践してもらいたい。

「非対立」によって、人間関係も、家庭も、職場も大きく変わるだろう。

「非対立」が広がれば、世の中も、世界も、未来も大きく変わるだろう。

平成28年1月

プロローグ

交通事故

1981年4月27日、私は救急病院に運ばれた。
当時、私は33歳、仕事も順調。ライフワークの音楽活動も順調。家庭も順調。
そんな中での交通事故。意識不明、骨折多数、長時間の手術、再起不能。
一瞬にしてすべてが吹き飛んだ。
期限なしの入院、ギブスをしたままベッドで寝たきり。
身動きもできないから、ありあまる時間、考えることしかできなかった。

もう一人の私

ふつう一人で考えていると堂々巡りしたり、途中で思考停止に陥るものだが、あの入院以来、私は新しい方法を身につけた。これは後々とても重要なことだった。

それは不思議な始まり、不思議な出合いだった。

私が一人で考えていると、誰もいないはずの病室で人の気配がするのだ。

姿は見えないし、言葉も発しない。ただ、そこに居るだけ。はじめは交通事故で、自分がおかしくなったのかと不安になったが、だんだん慣れてきて、わかってきた。その人の気配は、もう一人の私だった。

もう一人の私は、なにも言わない。ただ黙って私を見守っているだけ。

だからこそ、深く考え、深く気づき、深くわかるのだった。

そのことで、私はものすごく助けられたし救われた。

あれがなければ、今の私はいないと思う。

●シャドー

私は、もう一人の私のことをシャドー（影）と呼ぶことにした。

気づいた時、すでにシャドーはそばにいた。

私は心の中で「君はだれ？」と問いかけた。

シャドーは答えない。ただ黙って私を見ている。

すると、こちらが（誰だと思う？）と問われているような気がしてくるのだ。

私は心の中で「もう一人の私なのか」と問いかける。

シャドーは答えない。ただ黙って私を見ている。

すると、（そうだよ）と答えたような気がしてくるのだ。

だんだん慣れてきて、シャドーと対話できるようになった。

●シャドーとの対話

シャドーとの対話の一部を紹介する。

シャドーは実際に聞いたり答えたりしない。だから、ただ黙って私を見ているシャドーに対して、私は、自分で感じたことに対して、対話するのだ。


私は考えている。

「人は何のために、私は何のために生まれてきたのだろう」

シャドーは答えないが、（何のためだと思う？）と言っているように感じる。

「人間も生き物だから、子孫を残すために」

シャドーは答えないが、（それだけ？）と言っているように感じる。

「それだけじゃないなあ……自分が成長するために」

シャドーは答えないが、（それだけ？）と言っているように感じる。

「いや、それだけじゃないなあ……出世、お金、名声、認められること……」

シャドーは答えないが、笑っているように感じる。

「そうじゃないなあ……そんなことじゃなく、自分が人として成長すること」

シャドーは答えないが、（人として？）と言っているように感じる。

「違うなあ……ライオンは『ライオンとして』なんて考えないからなあ」

シャドーは黙っているが、（そうだね。変だね）と言っているように感じる。

「う〜ん……出世や金持ちになることは、人を押しのけること、人を踏みつけること。

そんなことはやましいことだし、本心から喜べることじゃない。

しかし人に褒められたり、認められたりすることは嬉しい……。

かといって、悪い仲間から認められることは、世間ではいいことではない……。

誰かに認められても、多くの人から責められることは、いいことではない。

ということは、みんなから喜ばれ、誰からも責められないことがいいことなのだ」

「何のために生きるのか。それは、みんなが喜ぶことをするためではないだろうか」

シャドーは黙って見守っているだけだが、私の中の様々な思いを見せてくれているのだ。
自分の中の迷いや疑いを知らせてくれて、考えさせてくれているのだ。
シャドーが私になにも問いかけなくなった時、問題は解決したのだ。
そんなふうにして、私はこの寝たきりの1年間、多くのことを考え、気づいたのだ。

目次

第一章　なぜ怒るのか、なぜ悩むのか

1. なぜ腹が立つのか

人はどんな時、腹を立てるのだろう。

約束を破られたから。馬鹿にされたから。悪口を言われたから。騙されたから。

期待が外れたから。努力したのに認められなかったから。

無数の「からから」があるが、同じことでも、腹を立てる人と立てない人がいる。

同じ人でも、腹を立てる時と立てない時がある。

つまり、腹が立つか立たないかは、人によって違うだけではなく、時によって、都合によっても変わるのだ。相手によっても、状況によっても変わるのだ。

怒りとは、それほどいい加減なものなのに、ささいなことで怒りが爆発して取り返しのつかないことに発展することもある。腹立ちまぎれで、つい言ってしまったことで、大きな問題を引き起こすこともある。怒りがコントロールできれば、腹が立たなくなれば、どれほどいいだろう。どれほど安心だろう。

●怒りは損得勘定

相手がミスした時、部下なら腹が立ち、上司なら腹が立たない。

足を踏まれた時、相手が謝れば腹は立たないが、謝らなければ腹が立つ。

相手が弱そうなら腹を立て、相手が強そうなら「痛い」とも言えなかったりする。

このように、怒りは相手しだい、状況しだいなのだ。

つまり、怒りはどうしようもないものではなく、自分で判断しているのだ。

自分が、（怒るべきか、怒らざるべきか）（怒った方が得か損か）など、けっこうややこしいことを考えた結果、怒ったり我慢したりしているのだ。

つまり怒りは「自然な感情」というより、「損得勘定」ではないだろうか。

●思い通りにならない

怒りのほとんどは「思い通りにならない」ことによって生まれるのではないだろうか。

では、なぜ「思い通りにならない」と腹が立つのだろう。

例えば、天気は思い通りにならないが、腹は立たない。

世の中も思い通りにならないが、腹は立たない。

つまり「思い通りにならない」とわかっているものには腹は立たないのだ。

ということは、腹を立てるのは、「思い通りになる」と思っているからだ。

よく他人に腹を立てたり、家族や職場の仲間に腹を立てたりするものだが、はたして、他人は思い通りになるだろうか。いや、他人は思い通りにならない。

家族は思い通りになるだろうか。いや、家族は思い通りにならない。

夫婦は思い通りになるだろうか。いや、夫婦は思い通りにならない。

子どもは思い通りになるだろうか。いや、子どもも思い通りにならない。

自分は思い通りになるだろうか。いや、自分も思い通りにならない。

人も自分も思い通りにはならないのだ。では、なぜ、腹を立てるのか。

「人は思い通りになる」と勘違いしているから、腹が立つのではないだろうか。

あらためて、「自然も、世の中も、他人も、思い通りにならない」

つまり「すべては、思い通りにはならない」ということを腹に落とした方がいい。

むしろ「思い通りになるもの」は例外なのだ。電気製品や簡単なものだけだ。

しかし、電気製品も故障するし、かんたんなことでも下手すればうまくいかない。

「飼い犬に手を噛まれる」という諺も、そういう意味なのだ。

結局、腹を立てる原因は、自分の勘違いや、自分の失敗なのだ。

今度腹が立った時、このことを確かめてみればいい。

●よく腹を立てる人

世の中には、よく腹を立てる人と、あまり腹を立てない人がいる。

よく腹を立てる人は、どんな人だろうか。

短気な人、傲慢な人、自信過剰な人、自己中心の人、いずれも嫌な人ばかりだ。

そういう人は、なんでも自分の思い通りにしようとする。そして思い通りにならないと腹を立てる。「人は思い通りにならない」ということが理解できないからだ。

こういう人は人間関係もうまくいかないし、仕事もビジネスもうまくいかない。

逆に、腹を立てない人とは、どんな人だろう。

「思い通りにならない」ということを理解している人、器が大きい人、懐が深い人、謙虚な人、なにからでも学ぼうとする人、いずれも魅力ある人だ。

もし、自分が腹を立てた時、（自分は腹を立てている）と気づくこと。

そして、（自分は思い通りにしようとして失敗したんだ）と気づくこと。

（自分はいま傲慢だ、わがままだ）と気づくこと。

●意見が違って当たり前

怒りの原因は、意見の違いや考え方の違いだ。

しかし意見や考え方は違って当たり前なのだ。1＋1＝2のような単純なことなら意見が同じでも当然だが、複雑なことは意見が違って当たり前。同じものを食べても、おいしい、おいしくない、好き嫌いも同じではない。同じことをしても早い遅いもある。

自分が一生懸命やったことでも、人が認めるか認めないかは、その人しだい。

自分は「これ以上できない」と思ったとしても、人は「もっとできるはず」と思うかもしれない。「これ以上できない」と「もっとできるはず」とは、どっちが正しいとも言えないし、わからない。むしろ「これ以上できない」という自分の評価と、「もっとできるはず」という評価は、どっちが自分を正しく評価しているのだろう。

要は、いろんな考え方ができるようになることが大切だ。

それを多様性という。いろんな観点で、いろんな角度で、いろんな立場で考えることが大切だ。それが人間としての器の大きさであり、懐《ふところ》の深さなのだ。

腹は立たない

そもそも、「腹が立つ」というが、ほんとうに「腹」は「立つ」のだろうか。

「腹」は決して勝手に立ったりしない。「腹」は自分が「立てている」だけだ。

「腹」は「立つ」のではなく、「立てている」のだ。「立つ」と「立てる」とは大違い。

「腹」は決して他人が立てるのではなく、間違いなく自分が立てているのだ。

「腹が立つ」と感じるとき、それは「自分の腹を自分が立てている」と気づくことだ。

もし、ここまでのことが本当にわかれば、怒りは10分の1以下になるだろう。

コラム

自然界では

動物は、子どもを守るために、自分よりも強大な敵と戦うことはよく知られている。

その時、アドレナリンが大量に分泌され、痛みを感じず、大きな力を発揮できる。

これは強大な敵と戦うための生存本能、いわば最後の切り札、ターボエンジンなのだ。

人間も絶体絶命の時、アドレナリンが分泌しターボが働く。ターボは必要な時に使えば効果的だが、不必要な場合にターボが働いたり、弱い者に対して暴力に使うのは最悪。

ＤＶ（家庭内暴力）は最悪、最低、恥ずべきことだ。

2. なぜ悩むのか

人は、どんな時に悩むのだろう。どんなことで悩むのだろう。

同じ状況でも悩む人と悩まない人がいるし、同じ人でも、悩む時と悩まない時がある。

悩みも、人によって、場合によって、場所によって、時代によって変わる。

つまり、悩みも自分しだいということがわかる。悩みも、怒りと似ている。

●本音と建て前

本音と建て前が違う時、人は悩む。

本音は、本当にしたいこと。

建て前は、本当はしたくはないが、立場上やむをえず、やらなければならないこと。

どちらを選ぶかで悩む場合、どっちを選べばいいだろうか。

●私の場合

私はこれまで多くの人が喜ぶ方を選んできた。なぜならそれが私の本音だからだ。

そして必ず成功した。失敗したこともないし、後悔したこともない。

なぜなら、みんなが喜ぶことは自分の本音だから、パワーも発揮できる。だから成功しやすい。仮に失敗しても、あきらめない。成功するまでチャレンジを続けるから、最後には必ず成功する。だから失敗はなかったし、後悔することもなかった。

もし建て前を選んだならば、本気になれずパワーが出ないから失敗しやすい。

失敗しても再度チャレンジする気になれないし、仮に成功しても後味が悪い。

だから、私は相談されたならば、「本音を選んだ方がいい」と答える。

余談だが、もしも、「盗みや殺人など、犯罪は？」と突っ込む人がいたとしたら、「本音や本心を軽く見ているのではないか」と問いたい。

本音とは決して衝動的なものでも感情的なものでもない。

本音とは、じっくり考えた結果のしっかりとした思いや願いのことだ。

「ねば、べき」

悩みには多くの場合「ねば、べき」がある。

「……ねばならない」「……べきである」

これは先に述べた「建て前」と同じことだが、人によってはこの方がわかりやすいかもしれない。

私も過去を振り返ると、「ねば、べき」でずいぶん悩み苦しんだ。

子どもの頃は、「学校に行かねばならない」「宿題をしなければならない」「勉強しなければならない」などなど。おとなになってからは、「働かなければならない」「成果を出さないといけない」「結婚しなければならない」「子どもは作るべき」「マイホームは手に入れるべき」「ローンは返すべき」など。

しかし、あの交通事故で、すべてが大きく変わった。


怒りも悩みも大きく減った。たぶん10分の1以下になった。

交通事故以前は、仕事のピークが続いた時や合唱コンクールの全国大会が近づいた時、ストレスで胃が痛くなった。特に苦しい時期は、十二指腸潰瘍で出血し3度も入院した。しかし交通事故以降は、胃が痛くなることもなくなった。

●したいか、したくないか

本音と建て前が違うとき、人は悩む。

「ねば、べき」で悩むときも、本音と建て前が違う。

本音は心、建て前は頭。心と頭が違えば悩むのは当然。

頭で考えている判断と、心を動かしている理由が違うのだ。

その場合、「ねば」で考えている問題を、「したいか、したくないか」で考え直すとわかりやすい。ほとんどの場合、「したい」ことをした方がいい。

●ドンマイ

野球などで、仲間がエラーをすると、チームの仲間が「ドンマイ!ドンマイ!」と叫ぶ。これは「Don't mind!」（気にするな!）という意味。

映画などで、チンピラが「てえへんだ、てえへんだ!」と騒いでいても、親分が「騒ぐんじゃあねえ!」と叱るシーンがあるように、自分では（たいへん!）と思うことでも、どうってことのないことが多い。一呼吸置くこと。失敗すれば、うろたえるよりも、どうすればいいか考えるしかないのだ。

ふだんから、自分にも周りにも「ドンマイ」という言葉を、投げかけることも大事だと思う。

●チェックポイント

・一呼吸を置く。

・別の視点で考えてみる。
・(あの人ならどうするだろう)と考えてみる。
・現状認識は、これでいいかと考えてみる。
・人がどう思おうと自分は自分。人目を気にすることはない。

3. なぜ争うのか

争いは、利害の対立や意見の対立によって起こる。

双方の意見を聞いてみると、「なるほど」という部分もあり、「筋が通っている」部分もあるが、微妙に解釈や、視点や、根拠にずれがあるのも事実だ。

「借金はしたけど、期限は決めていなかった、利子は決めていなかった」とか、「これは借金ではなく、もらったものだ」とか、「もとはといえば、面倒を見てあげたお礼だから返す必要はない」など実に面白い。

争いが長引くと、どこが事実でどこがウソか、思い込みか勘違いか、自分でもわからなくなってしまうのだろう。

人は長い歴史で多くの争いを経験してきたはずだが、ちっとも学んでいない。

いまも世界でも、国家間でも、個人間でも、同じような争いが尽きない。

●解決には、メンツを捨てろ

なぜ許せないのか、なぜ謝れないのか。

それはメンツだろう。メンツとは対面、体裁。

いずれにせよ、つまらないことだ。

要は、解決したいか、したくないか。

もし解決したいなら、メンツなど問題にしないだろう。

政治の世界、国と国との関係のトラブルは、ほとんど政治家のメンツのような気がする。

日本が「侵略戦争ではなかった」「慰安婦は強制ではなかった」「賠償問題は解決済み」「領土問題は存在しない」と主張するから、隣国では反日運動が続くのだ。

では、なぜドイツは近隣国に反独運動がないのか。

それはドイツが「侵略戦争だった、ひどい虐殺をした」「ファシズム、ナチズムと決別し、心から謝罪し賠償をする」「この謝罪は、戦争を知らない世代も引き継ぐ」と認めたからだ。

※詳細はワイツゼッカー大統領の「荒野の40年」（1985年）を参照。

日本は過去を断罪していないし、訣別もしていない。だから過去を引きずるのだ。政治家のメンツで、国民が迷惑を受けるのはとんでもないことだ。

コラム

日本の政治

２０１６年現時点の日本は、安倍政権によって平和憲法が踏みにじられ、憲法違反の戦争法が強行採決され、中国、韓国との関係が急速に悪化している。国会前や多くの地域では「戦争反対」「戦争法は廃止を」のデモや集会が行われている。安倍政権以前には考えられない状況になっているのだ。この急激な変化を見て、かつて日本が戦争に突入していったことが理解できた。

安倍首相の祖父（岸信介）はＡ級戦犯であり、安倍首相が、「祖父の罪を認めたくない」「祖父が関係した戦争を断罪したくない」という思いから、過去の戦争を肯定し、戦争そのものをも肯定するという個人的な感情や思想が政治に反映されていると言わざるを得ない。このことは後世の人が、正しく評価し、正しく認識するだろう。

第二章　原因は「対立」

1.「対立」のもとは怒り

争いやトラブルの原因は、利害の対立、意見の対立だ。

「対立」は「怒り」だ。

「怒り」がある限り、問題は解決しない。どんな言葉も伝わらない。

どんな意見も説明も、どんな謝罪も、相手には別のものとして伝わる。

相手にはすべて「言い訳」「屁理屈」「攻撃」「挑戦」に聞こえる。

相手には「ケンカを売られた」と思われる。

悪事を暴かれた政治家や社長が、謝罪会見をしている場面を思い出してもらいたい。

「遺憾に思います」「善処します」「調査します」「改めます」と繰り返してはいるが、本気で謝っているとは思えない。あれも、心の中に悪事が暴かれたことに対する「怒り」「残念な思い」が大きくて、とてもじゃないが本音で謝罪しようとか、解決したいとは思って

いないのだ。だから、謝罪の言葉より、本音の「怒り」や「残念な思い」の方が伝わるのだ。

2.「対立」のもとは正義感

「対立」の原因の、もう一つは正義感だ。

正義感は「怒り」よりもたちが悪い。

正義感は、「自分が正しい、相手が間違っている」という思い込みのことだ。

そもそも「正しい、正しくない」とは何だろう。

自然界に、「正しい、正しくない」はあるだろうか。

自然は「自ら然り」、つまり「あるがまま」だからルールは無い。

自然界にはルールは無いから、「正しい、正しくない」もない。

「正しい、正しくない」は、ルールがあってはじめて生まれるのだ。

人間社会ではルールを作ったから、「正しい、正しくない」が作られたのだ。

ところが、ルールは国によって、地域によって、時代によって変わるし、人によって違う。

都合によって解釈も変わり、裁判でも判断が変わり、判決も覆る。

「正しい、正しくない」もいい加減なものであり、たちが悪いのだ。

争っている人たち双方が、自分勝手な解釈で、「正しい、正しくない」で争うのだから、どうしようもない。さらに困ったことに、「自分が正しい、相手が間違っている」という思い込みが強いほど、トラブルが大きくなる。

いつも、「自分が正しい、と思っていないか」とチェックすること。

もし、「自分が正しい、相手が間違っている」と思っていることに気づけば要注意！

●信念と信仰

強い思い込みのことを「信念」という。

「信念をもて」「信念を貫く」という言葉には、そういう危うさがある。

もっとも強い「信念」を「信仰」という。

だから宗教戦争はもっとも長く、もっとも残酷で、もっとも悲惨なのだ。

昔から、十字軍の遠征、中東戦争、現在大きな話題のＩＳ（イスラム国）は「キリスト教（原理主義）VS･イスラム教（原理主義）」の宗教戦争なのだ。

「自分が正しい、相手が間違っている」とかたく思い込んでいる限り、対立は避けられないし、問題は解決しない。

●主義主張

主義主張も対立。

むずかしい議論でなくても、「自分はこう思う」ということでも、言い方しだいで主義主張になる。例えば、「私は肉は食べない」というのは、ただの意見かもしれないが、「私は肉は絶対に食べない！　私は菜食主義だ！」と言えば立派な主義主張だ。

その場は気まずくなり、相手によっては怒りだすだろう。

じゃあ、どう言えばいいか。

「私は、肉はあまり食べないようにしている」なら主義主張にはならないし、「健康のために食べ過ぎないのがいいらしいよ」と言うのなら問題ないだろう。

●抗議、要求

抗議要求も「対立」。

自分では意見を言っているつもりでも、相手には「抗議、要求」になる場合がある。

レストランで「味が濃い、薄い」「スープが熱い、ぬるい」ということも、言い方しだいで相手は「クレーム」と思うだろう。

「原発反対」「安保反対」というデモ（意思表示）は国民の権利だが、国家にとっては「抗議、要求」だから警察や機動隊が出てくるのだ。

デモには様々な規制やルールがあり、それに触れると「制圧」できることになっている。困ったことに「ルールに触れる」というのは解釈の問題だし、いくらでもでっち上げができるのだ。国家（警察、機動隊）は、「治安維持」「公務執行妨害」など、いくらでも正当化できるからどうしようもない。だから、市民の側はカメラマンや撮影が必要だ。

これは個人でも同じ。ふつうに話したつもりでも、「ひどい暴言を言ってきたので、身の危険を感じて、押しのけた、振り払っただけ。正当防衛だ」などのトラブルも多い。

意見を言ったのか、抗議要求をしたのかは、言い方しだい、気持ちの問題なのだ。

自分の中に「怒りと正義感」「自分が正しい、相手が間違っている」という気持ちがあれば、それは「対立」なのだ。

「対立」があれば、相手は「ケンカを売られた、暴言を吐かれた」と思うだろう。

裁判をしても、「あなたは怒っていたんですね。だったら、相手にそう思われても仕方ないですね」となる可能性がある。

3. すべては自分

対立の原因は、すべて自分なのだ。

怒るか怒らないか、悩むか悩まないか、戦うか戦わないか、解決するかしないか、すべて自分なのだ。「自分が正しい、相手が間違っている」と考えている限り問題は解決しないのだ。「相手が」「相手が」と思っている限り、問題は解決しないのだ。

「相手が謝れば許してやろう」「相手が手を差し伸べれば、自分も手を差し出そう」などと、解決を「相手」に求めている限り、問題は解決しないのだ。

4. 双方が賢ければ

争いについて、改めて考えてみよう。

1. 双方が賢ければ、争いは起こるだろうか。
双方が問題を解決できる賢さを持ち合わせていれば、争いは起こらない。

2. 片方が賢ければ、どうだろう。

片方が問題を解決できる賢さを持ち合わせていれば、争いは起こらない。

3．双方が愚かなら、どうだろう。

双方が、問題を解決できないから争いは起こる。

つまり争いが起こるということは、双方が賢くない、双方が愚かだということではないだろうか。

5．動けば変わる

問題を解決したいのなら、自分が変わることだ。

自分が変われば相手も変わる。自分が変わらなければ相手も変わらない。

自分が変わらないのは「頑固」だからではなく「臆病」だからだ。

強い人間は、自分から動くものだ。強い人間はメンツなど問題にしない。

弱い人間は、自分からは動けないのだ。

さあ、あなたはどっち？　あなたはどうする？

第三章 「非対立」の発見

1. 学生時代の大惨事

1969年、世の中は「ベトナム戦争反対」、「安保反対」、「沖縄返還」で騒然としていた。大学生の多くはそうした社会運動に参加していた。私も学生運動のリーダーだった。私のグループ（大阪大学・全共闘）は『非暴力』を理念にしていたから、私たちはヘルメットも武器も持っていなかった。

数千人の学生と機動隊が対峙していた。時間が止まっていた。いやな予感がした。機動隊の指揮官が「よし！　かかれ！」と叫んだ。機動隊が動き出し、襲い掛かってきた。警棒で殴りつける、ジュラルミンの盾で殴りつける、学生の顔から、頭から血が噴き出す、倒れた学生を蹴りつける、大勢で殴る蹴る、道路に血が流れる……。

機動隊の「やれ！（殺れ！）やってしまえ！」の怒号、女学生の悲鳴、学生の叫び声！

ジュラルミンの音、警棒の音、殴る音、殴られる音、悲鳴と怒号！……。
地獄だ！……悪夢だ！……夢中で走った！……。

翌日の新聞に「死者3名、重軽傷300名以上……」
私は大きなショックを受けた。
なぜ平和運動で死者が出るのか！　なぜ『非暴力』で血が流れるのか！
何かが間違っている！　絶対におかしい！　何が間違っている！

そのあと私は学生運動から離れ、旅に出た。
いろんなことを整理するために、死に場所を探すために。
「なぜ平和運動で血が流れるのか」を考え続けた。
しかし、答えは見つからなかった。
死にきれずに帰ってきて平和運動を封印した。

2.「非対立」の発見

あれから10年以上たってからの交通事故。

入院時も、

「なぜ、平和運動で血が流れるのか」

「なぜ、「非暴力」で血が流れるのか」は大きな課題だった。

シャドーとの対話で、考え続けた。


私は、あの場面を何度も思い出してみた。

私たちはシュプレヒコール（抗議と要求）をしていた。

違法行為も暴力（投石、突入）もなかった。

しかし、機動隊の指揮官の「かかれ！」の命令で機動隊が動き出した。

たくさんの血が流れ、たくさんの死傷者が出た。


あのシーンを何度も思い返した。

学生達の怒りのシュプレヒコール！

機動隊の怒りの顔！

そして怒号！　悲鳴！　暴力！

怒りのシュプレヒコール……怒りの形相……。


ああ！……わかった！……。

あの時、双方が怒っていた！　双方が相手を憎んでいた！

学生のシュプレヒコールは、彼らにとって暴力だったのだ！

国家権力は、機動隊は、私たちにとって暴力だったのだ！

あれは『非暴力』ではなかったのだ！

怒りや正義感は、『対立』という名の暴力だったのだ！

「暴力」を振るわなくても、怒りと正義感がある限り、相手には暴力なのだ！

ああ、わかった！　やっとわかった！　今ごろになって、10年以上もかかって、いまやっとわかったのだ！

怒りと正義感を捨てない限り、「対立」を捨てない限り、それは武器であり暴力なのだ。

武器や暴力を捨てない限り、平和は実現しない！

真の平和は、怒りや正義感を捨てることなのだ！

「対立」をやめること、それが本当の「非暴力」だ。

しかし、「非暴力」という言葉は、私もわかっていなかった！

本当の「非暴力」をどう表現すればいいのだろう！

「対立」を捨てること……それは「非暴力」より、対立しないこと、「対立」の元である怒りや正義感を捨てること！……。

言葉が長い、説明が長い、じれったい、何かいい言葉は無いものか！……。

対立しない……

不対立？……

無対立？……

非対立？……


そうだ！　これだ！

「非対立」！

怒りを捨てること、正義感を捨てること、「対立」を捨てること！

それは「非対立」だ！

「非対立」は、本当の平和への道だ！

「非対立」は、平和の実現の最後の望みなのだ！

3.「非対立」とは

当時、「非対立」という言葉はなかった。
「非暴力」は有名だが、暴力を振るわないこと、と理解されている。
でも暴力を振るわなくても、怒りや正義感があれば争いは起こる。
平和運動でも、怒りや正義感があれば血が流れる。
血の流れない平和運動、本当の平和運動には、なにが必要か。
それが「非対立」！

「非対立」は対立しないことだが、我慢することでもあきらめることでもない。
「非対立」は対立を避けることではない。「避対立」ではないのだ。
「非対立」は「対立せずに問題を解決すること」なのだ。

「非対立」は「非暴力」よりもわかりやすい！

それに新しい言葉には新たな説明ができるし、新たに覚えてもらうことができる。

私は、ずっと平和運動がしたかったが、なぜ血が流れるのかがわからなかったから長く封印したきた。しかしいま、それがわかったのだ！

「非対立」こそ、真の平和運動！　血の流れない平和運動！

「非対立」こそ、最後の平和への希望！

私は、これに一生をかけることを決めた！

4.『地球村』の誕生

私は、長く封印してきた平和運動を始めることを決意した。

血の流れない平和運動、本当の平和運動。

その構想や方法、具体的な内容を1年以上かけて考えた。

●目的「みんなが幸せな社会の実現」

●基本理念は「非対立」

・「対立」しない。怒りや正義感を持たない。
・抗議要求、主義主張、争いをしない。
・解決に向けて平和的に話し合う。
・事実を基本とする。
・具体的な解決策を共に考える。

●活動

・事実を知る、事実を知らせる。
・解決を共に考える。具体的に提言する。
・実践する、できることをする。
・解決に向けてネットワークを広げる。

●さて、名前はどうしよう

当時、国連の環境会議で「Global village」という言葉が使われていた。

それは「地球と調和する村」、「自給自足の小さな社会」という意味だった。

この言葉が気に入ったが、「Think globally, Act locally」という言葉も使われていた。

これは「全体を考えて、足元から行動しよう」という意味なので、「Global」が「大きい、大規模な」と理解される可能性を心配した。

そこで英語名は「Earth Village」、日本語名は『地球村』にしようと思った。

しかし、私は一つの『地球村』を作りたいのではなく、たくさんの『地球村』が実現し、それがすべてつながって世界が一つになること。みんなが一つの家族になることをイメージして、ネットワークという言葉を付けることにした。

ネットワーク『地球村』Network "Earth Village"

村の実現に、この平和運動に、一生をかけることを決意した。

第四章　モノサシはいらない

1．モノサシはごまんとある

モノサシは山ほどある。煩悩の数（108）どころではない。ごまんとある。ところで、「ごまん」は「五万」ではなく、正しくは「巨万」だ。いまは「きょまん」と読むが、以前は「ごまん」と読んだのだ。

●「いい、悪い」

モノサシの代表は「いい、悪い」だ。

自分が「いい」と思っていることでも、他の人にとっては「そうではない」こともあるし、自分が「悪い」と思っていることでも、他の人から見れば「そうではない」ということもある。勘違いもあるし、記憶違いもあるし、時代によって変化することもあるのだ。

以前はよかったことでも、いまはよくないこともある。「いい、悪い」は人によって、時代によって、国によって、解釈によって変わるものだ。だから、人から「違う」と指摘されたら、「えっ、そうなの？　私はそう思っていたけど違ったのかな。言ってくれてありがとう。調べてみるね」などと柔軟に対応できるといい。まさに、それが「非対立」なのだ。

●「きれい、きたない」

自分が「きれい」と思っていることでも、そう思わない人もいるし、自分が「きたない」と思っていることでも、そう思わない人もいる。「きれい、きたない」もモノサシであり、ひとによって違う。結局は好みなのだ。

有名な童話「みにくいアヒルの子」は、「みにくいアヒルの子は、実は白鳥だった」という話だが、この話も「白鳥はアヒルよりきれい」という前提の上で書かれていると思う。だから、「きれい、きたない」も決め付けないで、思い込まなくていいのだ。

●「ねば、べき」

「ねばならない」と思い込むと、しんどくなる。

例えば、「仕事をしなければならない」と思うと「しんどい」と感じるだろうが、「仕事があることはありがたいことだ」と思えば「しんどい」とは感じなくなるだろう。

学校も、「行かなければならない」と思えば「しんどい」かもしれないが、「学校に行ける」と思えば「ありがたい」ことだ。実際、私は途上国で学校を作ったりするが、途上国の子どもたちも親たちも、学校は憧れであり、夢であり、1時間でも2時間かかっても平気で通うのだ。途上国では「不登校」は、理解できないのだ。

だから、「ねばならない」より、「したいか、したくないか」で考えればいいのではないだろうか。それだけで気持ちは大きく変わる。

私は30年以上講演を続けている。土曜も日曜も祝日も関係ない。この30年、自分の休暇など考えたこともない。もし講演を「ねば、べき」でやっていたなら絶対に続けられなかったと思う。でも私は「したい」から続けてきたわけで、一度も「しんどい」と思ったことはない。むしろ「したいこと」しかしていない私の人生、本当に楽しく幸せなことだと感謝している。だから、一度も休んだことが無い。

●「甘いと甘ったるい」、「みずみずしいと水っぽい」

味覚についても、考えてみよう。

「甘いと甘ったるい」、「みずみずしいと水っぽい」どう違う?

同じ果物でも、好きな人からもらえば「甘い！　みずみずしい！」と感じ、嫌いな人からもらえば「甘ったるい！　水っぽい！」と感じるのではないだろうか。

「甘み」についてはいまでは糖度計があり「糖度12」などと表示できるし、「水分」についても、いまでは水分計があり「水分40％」などと表示できる。

しかし、「おいしいまずい」は、「糖度○○度」「水分○○％」という物理的な数値よりも、雰囲気、気持ち、好き嫌いの方がはるかに大きい。

だから、自分の味覚が人と違う場合、（ああ、自分はいま、気分や好き嫌いに影響されているんだな）と気づいたり、自分をチェックできればいいと思う。

●「助言とお説教」、「親切とお節介」

気持ちや感覚についても、考えてみよう。

「助言とお説教」、「親切とお節介」どう違う？

これも味覚と同じで、同じことを言われても、嫌いな人に言われれば「お説教」、「お節介」と感じ、好きな人に言われれば「助言」、「親切」と感じるだろう。

同じ言葉でも、ネガティブに受け取れば、無駄だし気分も悪い。

でも、ポジティブに受け取ると有意義だし、自分にもプラスになる。

嫌いな上司の注意は「いやなお説教」になり役に立たないし、その気持ちが上司にも伝わり、自分の評価や昇進にもマイナスになる。

逆に、好きな上司の注意は「ありがたい助言」になり自分の成長につながり、結果としていい仕事につながり、評価や昇進にもいい結果となるだろう。

先日、年配の女性が「私はお寺が好きで、よく説教を聴くのよ。お説教はありがたいわ」と言っていた。お説教は、「(仏の) 教えを説く」のだからありがたく思えるのだ。

「生意気と頼もしい」

「生意気と頼もしい」どう違う？

これも結局、自分の気持ちしだい。

嫌いな部下やダメな部下が口答えや反論をすれば、「生意気」と思い、意見を聞かないだろうし、好きな部下や一目置いている部下が異議を唱えれば、「頼もしい」と思い、その意見を聞いて、方針を改めることもあるのではないだろうか。

「生意気」と切り捨てられた部下はやる気を失い、いい仕事はしなくなるだろう。「頼もしい」と認めた部下はさらに意欲が上がり、いい仕事をするだろう。

部下の意見を「受け止めたか、受け止めなかったか」で、結果も大きく変わる。

今後、誰かの意見をネガティブに感じた時は、（あ、いま自分は、この人を嫌っているんだな、意見を受け止めていないんだな）と気づいて改められるといい。

●「勇気があると無茶をする」、「臆病と慎重」

「勇気があると無茶をする」、「臆病と慎重」どう違う？

これも同じく、好きな人、信頼する人の行動が積極的なら「勇気がある」、消極的なら「慎重」と思い、嫌いな人、信頼できない人の行動が積極的なら「無茶をする」、消極的なら「臆病」と思うのではないだろうか。さらに、結果しだいで、その評価が反転する場合もある。

「信念と囚われ」、「教育と洗脳」

「信念と囚われ」、「教育と洗脳」どう違う?

信念は「正しいこと」を信じること。囚われは「間違ったこと」を信じること。

教育は「正しいこと」を教えること。洗脳は「間違ったこと」を教えること。

すでに述べたように、「正しい、正しくない」もモノサシだ。勘違いも思い込みもあり、人によって、時代によって、国によって大きく変わる。

戦時中の軍国教育と、平和な時代の教育は正反対だ。戦時中なら今の教育は「とんでもない洗脳だ」ということになるだろうし、今の時代では「当時の教育は洗脳だった」と教えられている。

「常識と非常識」

「常識と非常識」どう違う?

「常識」は、社会で多くの人が「正しいこと」「必要なこと」と認めていること。

「非常識」は、常識に合っていないこと。

しかし、人によって、都合によって、場合によって常識が違うことはよくある。

それ以上に大きな問題なのは、一政府によって社会の常識が一変することだ。

例えば、原発事故であれほどの大惨事が起こり、多くの人が「もう原発はこりごりだ！」と思い、まだ事故も収束していないし、原発ゼロでも大きな問題がなかったこともわかっているのに、国民の大多数が「再稼働に反対」しているのに、なぜ再稼働が進むのか。

「戦争法案」「マイナンバー」「TPP」「辺野古の埋め立て」「秘密法案」など、国民の大部分が反対しているのに、なぜ進むのか。

現在、国会前や多くの地域で「戦争反対」「平和憲法を守れ」という市民のデモが続いているが、こんなことが日本で起こるなどと誰も想像していなかった。

このように一政権、一首相によって社会が簡単に変形していくことに驚いた。

日本がかつて戦争に突入していったことが、このことで理解できるようになった。

2. なぜ、こんなに多いのか

自然界にはモノサシは無いのに、なぜ私たちの社会には、モノサシがこんなに多いのか。

もちろんそれは、私たちの社会が不自然だからだ。不自然な社会には不自然なモノサシが必要なのだ。なぜなら､不自然な社会は不自然なモノサシが無ければ支えられないからだ。

でも、無理して不自然な社会を支えなくてもいいではないか。

私もそう思う。しかし、そうは思わない人がいるのだ。

多くの人を支配したがる人間、多くの領土を欲しがる人間、必要以上に所有したがる人間。私たちは、そういう人たちを「えらい人」「強い人」「賢い人」と教えられてきたが、本当は逆ではないだろうか。必要以上にものを持ちたがる人間は欲張り。多くの人を支配したがる人間、それは愚かな人間、おかしな人間ではないだろうか。

●教育は何のため

教育は、社会人として必要なことを教えるのだ。

・政治、経済、社会の基本的な知識

・お金の稼ぎ方など現実的なルール

・礼儀、マナー、秩序など社会生活のルール

ほとんどは自然界にはないものばかりだ。

自然界にないルールによって支えられた社会、それは不自然な社会。

社会人はこれらのルールを知っているが、「知っている」と「守る」は別。

この社会では、ルールを作る人（政治家）がルールを破る、ルールを教える人（教師）がルールを破る、ルール違反を取り締まる人（警察）がルールを破る、ルール違反を裁く人（裁判官）がルールを破る、社会を管理する人（官僚）がルールを破る。

現状を見る限り、この社会は根本的におかしい。

いくらルールを作っても、不自然な社会の秩序を守ることはできないだろう。

不自然な社会、不自然なルール、不自然な秩序は維持できないだろう。

過去、すべての巨大文明が滅亡した事実を思い起こせば容易に理解できるだろう。

文明は不自然だから、滅亡するのだ。

※この問題の、どうすればいいかについては、書籍『宇宙船地球号のゆくえ』で述べている。

●自然界では

自然界には、「いい、悪い」はない。「きれい、きたない」もない。「ねば、べき」もない。

権利も義務もない。法律もルールもない。学歴も偏差値もない。比較も差別もない。

♪自然界にゃ学校も〜、試験もなんにもない♪

どこからか、水木しげるさんの「ゲゲゲの鬼太郎」の歌が聴こえてきそうだ。

ただし、自然界にも生物の群れにはルールがある。

ライオンにはライオンのルール、サルにはサルのルール、ハチにはハチのルール、アリにはアリのルールがある。だから人間にも人間のルールがあってもいい。

しかし、人間以外の生物のルールは、何百万年、何千万年の知恵として遺伝子に組み込まれている。遺伝子に組み込まれているから、自然に秩序は守られている。

しかし人間社会のルールは遺伝子に組み込まれたルールではなく、ボスが自分の都合で決め、ボスが交代するたびに変わるという、とんでもないルールなのだ。

3. 自分の頭で考えよう

モノサシは一つの判断基準ではあるが、それに縛られるのはよくない。

「いい、悪い」、「きれい、きたない」、「損、得」などは、場合によって、状況によって、条件によって、前提によって違うのだから、現状の条件、前提に合わせて自分の頭で考えることが必要だ。

社会のルールも、おかしいと思えば「おかしい」という意思表示が必要だ。

アメリカで「ベトナム戦争」に対する反対運動が広がった時、徴兵令を焼き捨てる、徴兵令を無視することが広がった。それがベトナム戦争の終結につながった。

脱原発の意思表示として大手電力会社との契約解除、政府寄りの報道に反対の意思表示としてＮＨＫとの受信契約解除も有効だ。

考えない人にはモノサシは便利だが、そのために社会がおかしくなっている。だから、これからは自分で考えて判断しよう。

特に今の政治は、80年前、戦争に突入していったおかしな時代と同じにおいがする。社会をよくするためにおかしなモノサシを捨てよう。

社会に流されないように、自分の頭で考えよう。

第五章　エピソード

1. おねしょの女性

ある講演会でのこと。
「あなたのモノサシは何ですか」と聞くと、1人の女性が手を挙げた。
その女性は「おねしょです……」と答えた。会場がどよめいた。
私が「あなた自身のことですか」と聞くと「いえ、子どものことです」
会場から「なあんだ！」という笑いが漏れた。
私が「お子さんは何歳ですか」と聞くと、「7歳です」とのこと。
私「7歳なら、心配することはないんじゃないですか」
すると、その女性は「わが子だから心配でたまらないです」
私「ほおっておきなさい。おねしょは気にすると直らないですから」
すると、その女性は「でも、心配なんです」

私「じゃあ、仕方ありませんね」
その女性は「先生は、モノサシを取ってくれないんですか」と言ったので、
私「モノサシは自分で取るしかないのです。他人はお手伝いすることしかできません」
その女性はわかったかどうかわからないが、聴いていた多くの人はわかったと思う。

2. 私は臭い女

次に手を上げた女性は、「私は臭い女です」と話し始めた。
一瞬、会場がしーんと静まった。その女性の話は次のようなものだった。

私は、子供の頃からみんなに「臭い」と言われていじめられてきました。学校ではみんなから「臭いからそばに来るな」と言われ、遠足も修学旅行も「臭いから来るな」と言われ、その日になって「病気で行けません」と電話して休みました。大人になってからも一人でできる仕事をしています。友だちもいません。食事も、映画も、旅行も行ったこともありません。お付き合いしたこともないし、結婚もしていません……私はずっと一人でした……。

何という人生……。

信じられないような話に会場は静まり返った。

私が「においも主観だから」と言うと、その女性は「そんなことを言われても、私はどうすればいいいんですか……先生、私のにおいを嗅いでください」と言った。

ちょっと戸惑ったが、私はその人のにおいを嗅いだ。

すると、「?」……臭くないのだ。だから私は「臭くない」と言った。

その女性もショック。会場もどよめいた。

「えっ!……ウソでしょ?　……もう一度嗅いでください!」

私は、また嗅いでみて、「いいえ、やはり臭くない」と言った。

その方は驚いて「先生は鼻が悪いんじゃないですか?」と言った。

私は、「いいえ、私は目は悪いけど鼻は悪くないよ」と言った。

その方は周りの人にも「すみません。嗅いでもらえませんか」と頼み、何人かが嗅いでみて、やはりみんな、「いいえ、においません」と答えた。

その女性はショックを受け、泣き出した。

「ほんとに私が臭くなかったとしたら、今までの私の人生、いったい何だったの!……」

「ずっと一人だった……遠足にも行けなかった、修学旅行にも行けなかった……映画にも、食事にも、行けなかった……結婚もできなかった……。いまさら、どうしたらいいの！……」

それは悲痛な叫びだった。周りの人も慰めようとしたが、私はそれを制止し、

「そのまま、そのまま……ほうっておいてあげてください」と言った。

泣くことは大切なのだ。泣くことで気持ちが整理されるのだ。

安易に慰めたりせず、泣かせてあげることだ。

その女性がしばらく泣いてやや落ち着いた時、私は言った。

「きっと今日だけにおわないのでしょう。きっとまた臭くなれますよ」

会場から笑いが漏れた。本人も少し落ち着いたのか、私の冗談に笑った。

「いいんです。もうどっちでもいいんです。過去は過去です。私は、いまモノサシが抜けました！　30年以上のモノサシが抜けたんです！　私、どこにでも行けます！　私、どこにでも行ってもいいんですよね！」と叫んだ。

会場から大きな拍手が起こった。

3. おねしょの女性（つづき）

大きな拍手がおさまった時、さっきの「おねしょ」の悩みの女性が手を上げて、「私もモノサシが抜けました！　そして言わせてください」と話し始めた。

実は私、子どもにウソをついていたんです。

「お母ちゃんはおねしょなんかしたことない！　お前はいったい誰に似たんや！」と言って子どもを責めていました。でも、それはウソだったんです。私は小学校どころか、高校になるまでおねしょが止まらなかったんです……それが恥ずかしくて……親からも「嫁に行けない」と責められたし、病院にも行かされたし、ほんとにつらかった……自分でも異常だと思った……だから自分の子が7歳になってもおねしょが止まらないのを、遺伝かもしれないと悩んだり……それが私の大きな大きなモノサシだったんでしょうね……。

その私の大きなモノサシが、私を苦しめただけではなく、わが子まで苦しめていたんですね……。私のモノサシがわが子を苦しめていた……。

いまそのことに気付きました！　私は私のモノサシをはずします！

私は子どもに言います！「おねしょなんか平気だよ！　お母ちゃんは高校までおねしょ

してたんだよ！　大丈夫！　心配いらないよ！　おねしょしてもいいよ！」と言います！

わが子がいとおしい！　わが子を抱きしめたい！


その方は、一気に話をした。

会場から、もっと大きな拍手が湧き起こった。

4. 死ぬしかないね

私は以前、いのちの電話をしていたことがある。

結婚して間もない女性からの相談だった。

夫が酒、ギャンブル、女グセがひどい。そのことで喧嘩が絶えない。暴力もひどい。お金もない。生活も荒れる。自分も酒に溺れる。苦しい。いつも死にたい、死にたいと思っている。自分は死ぬしかない。いつもそんなことを思いつめている。部屋は掃除しない、片付けない、きたない、乱雑、鏡を見れば自分も髪はぼさぼさ、化粧もしない、顔も表情も最悪、暴力であざやクマでひどい顔、服も汚い……死ぬしかない……。

こんな相談だった。世の中には悲惨な話が山ほどある。

話を聞き終えて、私も「死ぬしかないね」と言った。

相手は一瞬息を呑み、「えっ？　……もしもし……これはいのちの電話ですか？」と聞いたので、私は「はい、いのちの電話です」と答えた。

その方は、「だったら、私の命を救ってくれるんじゃないんですか。なんで、『死ぬしかない』なんて言うんですか」と強い口調で聞いた。

私は、「あなたの命を救うのはあなた自身です。あなたは、死にたい、死にたいというばかりなので、お手伝いができないのです」と答えた。

ガチャンと電話が切れた。そういうこともあるのだ。


2カ月ほどたって電話がかかった。

「以前、私の電話に出てくれた人ですか。私は、こういうことを相談した者ですが」

忘れもしない、その人だった。

「たぶん、私です」と返事をすると、その方は、「そうでしたか。きょうはお礼が言いたくて」と話し始めた。

「死ぬしかない」という言葉は衝撃的でした。誰に相談しても、「死んじゃいけない」と言ってくれましたから。「死ぬしかない」なんて、はじめて言われたんです。

私は、どういう意味だろう。なんでいのちの電話で、そんなことを言うんだろう。と考え続けました。そしたらある日、突然わかったんです！　その意味がわかったんです！

「死ぬしかない」というのは、「死ぬつもりで頑張りなさい」という意味なのだと。

そして、「死ぬ気でやり直してみよう！」と思ったんです。

私はまず、自分を大切にしようと思ったんです。お化粧もし、髪もきれいにし、服もきれいにしました。そしたら、いろんなものを大切にしたくなったんです。家もきれいに片付けました。そして、夫も大切にしようと思えるようになりました。毎晩きちんと料理もして夫の帰りを待ちました。いつ帰るかわからない夫のために料理をするようになったのです。やっと帰ってきた夫は、私がきれいにして、家をきれいにして、二人分の料理を見て、「誰のための料理や！　誰を待ってるんや！」と暴力を振るいました。私は夫に、「あなたのためよ。あなたを待っていたのよ」と言いました。夫は「ウソや！　信じへん！」と言いました。私は、「信じるか信じないかはあなたの勝手。私はやましいことはありません」と言ったら、夫は黙ってしまいました。しばらくたって、私が「食事をしましょう」と言うと、夫は黙って食べて出て行きました。私は、いつものように「どこに行く！　いつ帰る！　何しに行く！　働かんかい！」と言わずに、「どうぞ、お気をつけて。お帰りを待ってます」と送り出しました。

いつもなら当分帰ってこないのですが、翌日帰ってきました。

私は、家をきれいにし、きれいにお化粧して、食事を作って待っていました。

夫は黙って食事をして、また出て行きました。

私はまた「どうぞ、お気をつけて。お帰りを待ってます」と送り出しました。

夫はまた翌日帰ってきました。そして黙って食事をして、黙って出て行く。

そんなことが数日続いた後、夫は「おい、なんでそんなことをするんや。なんで俺を責めないんや。なんで毎日、こんなことしてくれるんや……」と聞きました。

私は、「つらくてつらくて死のうと思って、いのちの電話に電話したの。そしたら『死ぬ気でやり直しなさい』って言われた。だからいま、死ぬ気でやり直そうとしているのよ。これでダメだったら私は死ぬつもり」と言いました。すると夫は……泣き出しました。

「俺が悪かった！……どうしていいかわからんかった！……お前をそれほど苦しめていることもわからんかった！……申し訳ない！　ほんとに申し訳ない！……俺も死ぬ気でやり直そうと思う！　許してくれ！」と土下座して謝ってくれたのです！

夫は仕事を始めました。お酒もやめました。ギャンブルもやめました。女遊びもやめました。今、私たちは幸せです。「死ぬしかないね」、本当にありがとうございました……。

5. お父さんを殺した

ワークショップではサイレント・ウォークというセッションがある。その中で、40歳くらいの女性が話し始めた。

私は高校生の時、実の父親を殺しました。（全員、衝撃を受けた！）

父は病弱で仕事ができず、いつもぶらぶらしていました。母は働いていましたが生活は苦しく、ある日、私はカッとなって、「お父さん、いい加減にしてよ！　そんなお父さんなんかいらない！　病気なら病気を治すまで家に帰ってこないで！　病気じゃないならしっかり働いて！」と怒鳴りました。父はびっくりして「すまん、すまん。わかった。もう言うな。あす病院に行く。治るまで家には帰らん」と謝りました。

私は安心して眠りました。

翌朝、父は鴨居で首をつって死んでいました……。

私が父を殺したのです。私は、いま40歳です。私はずっと自分を責め、大きな後悔を抱き続けてきました。父はずっと鴨居にぶら下がったままなのです。

私の目には、その父の姿が焼き付いていて、忘れたことがありません。

私は、いつも自分を責め、人並みの幸せを味わう資格がないと思っていました。


だけど今、自分のモノサシが抜けたのです！

いま父に感謝の気持ちが湧いてきました！

「お父さん、ありがとう！　お父さんも精いっぱい生きていたんだね！

でも辛かったんだね。限界だったんだね！　休みたかったんだね！

それがお父さんの人生だったんだね！

お父さんがいなかったら、私は生まれていなかった！

お父さん、生まれてくれてありがとう！

お母さん、私を生んでくれてありがとう！

生まれてきた意味がわかった！　いのちの意味が分かった！

私は、これから精いっぱい生きていきます！」

私がそう思ったら、父は私に微笑んでくれて、手を振りながら遠ざかっていきました！

このワークショップで、私は心から癒され、救われました。

6. お母さんを捨てた

これもワークショップでのこと。
50歳くらいの女性が話し始めた。

私は小さい時から母親にいじめられてきました。
「お前がいなかったらよかった。お前がいなかったら、お母さんは幸せになれた。
お前がいたから不幸になった。お前なんか産まなかった方がよかった」
私は、実の母親からずっとこんなひどいことを言われてきたのです。
中学生になったとき家出しました。以来、母とは会っていません。
それなのに40年もたって、最近になって母が私を訪ねてきたのです。
「年をとって一人では生きていけないから、面倒を見てほしい」と言ってきたのです!
私は追い返しました。でも何度も訪ねてくるのです。どうしたらいいでしょう。
私をあれほど苦しめた母を、私を捨てた母を許せません。

私　お母さんは、本当にあなたを愛していなかったのだろうか。
女性　はい、母は私にひどい仕打ちをしてきました。
私　お母さんは、身ごもってあなたを、10カ月ずっと抱いていてくれたのでは。
女性　母は「何度も中絶しようと思った」と言ってました。
私　でも、生んでくれたんだろう。授乳し、病気のときは看病してくれたんだろう。
　愛されたことも、愛されなかったこともあるだろう。どちらを大切にしたい？
女性　……。
私　ところで、いまあなたは何歳ですか？
女性　53歳です……。
私　お母さんは80歳くらい？
女性　いえ、70歳です。
私　そうかあ！　お母さんはずいぶん若いときにあなたを産んだんだね。
女性　はい、17歳で産みました。父のＤＶがひどかったと言ってました。
私　そんなに若いお母さんがあなたを産み、苦しんでいたんだね。
女性　あ……。
　なにかに気づいたようだった。黙って待っていた。

その方は、やがて話し始めた。
女性　お母さんは若かったんだ！　……まだすごく若かったんだ！……
私がいなかったら、お父さんから逃げられたんだ……
人生やり直せたんだ……でも私がいたから……耐えるしかなかったんだ……
私はいままで、母がそんなに若いって気が付かなかった……。

私は、「そんなに若かったお母さんを許せませんか？」と聞いた。その方は「お母さん……許して……私がいたから……。あなたが私を捨てたんじゃなくて、私があなたを捨てたんだ……」

その人は泣きながら「私は母を受け入れます……最後の親孝行をします……」と言った。
その場にいた参加者の多くも、自分の親について、親孝行について考えさせられた。

7. 仲良しを広げる人

これは、「怒りとは」というミニワークでのこと。
ある若者が、「わかりました！　怒りが自分のモノサシだということがわかりました！

これまでの自分の怒りはすべて自分のモノサシでした！　自分は今後、怒らない人になれると思いますし、なりたいです！　ただ……」と話し始めた。

「高校生の時、修学旅行で広島の平和記念資料館に行きました。その時、階段に影だけ残して消えてしまった人、身体中にガラスの突き刺さった人、皮膚がめくれてしまった人、黒焦げの死体、すさまじい惨状を見て、怒りに震えました。資料館を出たとき思わず吐いてしまいました。もう一度、あれを見れば自分がどう感じるか知りたい。もう一度、行ってきます」と話した。参加者の中でいちばん若い人が、こんな決意をしたことに感動した。

1、2カ月して、その若者がミニワークにやってきた。

「先日、広島に行ってきました！　ぜひ、聞いてください！

展示は少し変わっていましたが、あの時とだいたい同じでした。一つ一つの展示には、あの時と同じようにショックを感じました。途中から涙が流れてきました。

資料館を出たとき、僕は吐きませんでした。

僕は「仲良しをしよう」と思いました！　仲良しだったら戦争は起こらない！

僕は誰とでも仲良しをやっていくんだ！　仲良しを広げたら、二度とこんなことは起こらない！　僕は仲良しをやるんだ！　僕は仲良しを広げる人になるんだ！　と決意していたんです！　僕の涙は、怒りや悔し涙ではなかったんです！　嬉し涙だったのです！

僕は、生き方を見つけたんです！」と泣きながら話してくれた。

その場にいたみんなが、「よかったね！　生き方を見つけてよかったね！」と泣いた。

8. 山下さんのこと

柔道家の山下泰裕さんとは以前から親交があり、山下さんには『地球村』理事をお願いし、私も山下さんのNPOの理事をさせていただいている。
ある時、山下さんから「相談がある」ということで話をした。
山　どうすれば「非対立」がわかりますか。どうすれば腹が立たなくなりますか。
私　なぜ？
山　NPOのことで、最近、親しい友人とケンカになってしまって。
私　なぜ？
山　「柔道家が平和のNPOを作りたいなんて変だ」と言われました。

私　なるほど。
山　こんなことで腹が立っていたら、平和のＮＰＯなんて無理です。
私　本当に腹が立たなくなりたい？
山　もちろん。
私　本当に学びたい？
山　もちろん。
私　では、ＹＥＳマンとＮＯマン、どっちから学べる？

山下さんはしばらく考えていたが、突然、腹の底からうめき声を上げて、大きな拳でテーブルをたたき、そのまま拳をテーブルに押し付けたまま、うつむいてじっとしていた。やがて顔を上げ、「わっかりました！……」と絞り出すように呻いた。

「私は傲慢だった！『なぜわからないんだ！』と相手を責めていた！　相手を分かろうとしていなかった！　本当にわかった！」

私も驚いた。たった一つの問いかけで、山下さんは真髄をつかんだのだ。

さすが、考えること、感じること、つかむこと、すべてプロだったのだ。

「わかる」ということは「変わる」ということ。

「本気」というのは「本当の気持ち」ということ。
「決意」というのは「意志を決める」ということ。

9. M社のフロン全廃

1989年、オゾン層破壊を防ぐためのモントリオール会議があり、「2000年までに特定フロンを全廃」を決議したが、日本はサインしなかった。業界の大きな抵抗があったからだ。当時私はM社の本社技術企画室の副参事で、社長、副社長と話をする機会が多かった。フロンの問題をなんとかしたいと思い、いろいろ考えた末に社長室に入った。

私　社長、おもしろい話があります。
社長　忙しいから、かんたんに頼む。

私は、オゾン層破壊の現状、フロン全廃の必要性、モントリオール会議で日本がサインしなかったことなどを手短かに説明した。社長は驚くとともに日本政府の態度に立腹。

社長　日本は何という国だ。どうしてサインしなかったんだ。
私　業界の圧力です。
社長　どこの業界だ。
私　わが社です。
社長　えっ、そんなこと、知らなかった。
私　環境問題は社長直轄ではありませんから。
社長　どうすればいいんだ。
私　業界トップのわが社がやめるのがいちばんです。
社長　やめられるのか？
私　やめられます。外国の企業はすでに脱フロンに動いています。
社長　費用は？
私　約１００億円です。
社長　たいした金額じゃないな。
私　社長、ご決断を。
社長　う～んしかし、うちがやれば、他社が怒るだろうな……。

この時、私は「非対立」を考えた。私が「社長、わが社がやらなければ、地球はどうなりますか」などと生意気なことを言えば、話はつぶれてしまう。そこで……。

私　そうですね。わが社がやれば他社は怒るでしょう。
　でも、わが社がやらなければ……。

社長　そうか……うちがやらねば他社もやらんだろう……。
　しかし、100億円はもったいないな……。

これに対して私が「社長はさっき、『たいした金額じゃない』と言ったじゃないですか」などと言えば……。「非対立」、「非対立」そこで……。

私　もったいないですね。でも100億円を使わなければ……。

社長　そうか。100億円を使わないと地球が……。

私　うちがやれば他社も動くでしょう。

社長　う〜ん、しかし……。
　私は経営者だから、経営という点で考えないといかん。

君も経営スタッフなんだから、経営という観点で考えてくれ。

せっかく、ここまで来たのに……。
しかし、ここで無理をすれば、この話は終わり。
社長は、「経営という観点で考えてくれ」と言ったんだから、そうすればいいんだ！
私は「はい、わかりました。お時間を下さい」と言って社長室を出た。
「経営とは何か」……。
思い悩み、図書室で経営について調べている時、驚くような発見をしたのだ。
「これだ！」と思い、社長室へ。

私　宿題をいただきました件、よろしいでしょうか。
「経営とは、真理を一生かけて求めること」
「経営者とは、真理を一生かけて求める者のこと」だそうです。
社長　ほう！　知らなかった……。
この件、どうすればいいんだ。
私　一生かけて答えを求めることだと思います。

社長　それで間に合うのか。
私　間に合わないと思います。
社長　じゃあ、駄目じゃないか。
私　私はフロン全廃については解決策を提案しました。１００億円必要です。
　しかし他社の反対の解決策はわかりません。
ここで、私は、これまで長く考えてきたことを話す決意をした。
私　実は長く考えてきたことですが、会社を辞めようと思います。
　環境について、全力をかけようと決意しました。
　以前お話しました『地球村』の活動に専念することに致しました。
辞表を提出した。社長は驚いた様子だった。
長い沈黙のあと……。
社長　わかった。フロンをやめよう。

ただし、この件は君が進めるんだ。君以外に適任者はいない。

本当に嬉しかった。歴史が動いた。「非対立」の力を実感した。抗議要求、主義主張、戦いではなく、平和的に問題が解決したのだ。私の『地球村』の活動の最初の大きな成果だった。

１９８９年7月20日、新聞各紙が一斉に「M社、特定フロンを全廃。モントリオール議定書の２０００年案より5年早く１９９５年までに全廃を独自に決定」と報道、業界に大きな波紋を投げかけた。他社からクレームが殺到したが、会社はこの決定を変えなかった。その結果、他社も徐々にフロン全廃を発表、そして１９９１年、日本は2年遅れで「モントリオール議定書」にサインをした。

このことは、ガレス・ポーター著「地球環境国際政治学」に、「日本政府は当初モントリオール議定書にサインしなかったが、大手企業M社が全廃を発表したことから業界が動き、日本政府はサインした」と記されている。

当社はこのことで「環境大賞」を受賞。

私は、フロン全廃と環境関連の仕事をいくつか終えて会社を辞めた。

10. 『地球市民国連』

『地球村』実現のための世界的構想を考えた。

現在の国連は、第二次大戦の戦勝国5か国が、自分たちに都合のいい世界を維持することが目的であって、決して本当の「世界平和」を目的としているわけではない。

現実に、常任理事国の大国（米国、ロシア、中国）が世界平和を破壊している。

そこで、地球市民が国境、国家、民族、宗教を超えて「世界平和」のために『地球市民国連』を作ろうという構想だ。

『地球市民国連』には本部などの建物は無い。

簡単に説明すると、必要なメンバー、必要な議題はネットで選ばれ、話し合いはネットで公開され、その決定はネットの投票によって決定される。

監視も、違反に対する経済制裁も、世界市民がネットによって行う。

現在の国連や国際会議のような、大国独裁や非公開や密約は許されない。

11．ゴードンのこと

私たちは、この『地球市民国連』構想を世界提言するために、2002年、ニューヨークの国連本部のWSSD（環境サミット）事前会合に出席した。

この構想はすでに、沖縄サミット、欧州環境会議などで発表、大きな反響を得ていた。ニューヨークで同じように説明したが、途上国最大のNGOのW氏が「絶対反対！　先進国のNGOはいつもきれいごとを並べ、最後には我々をだます。この提言も同じだ！」と強い反対意見。私たちは驚いた。

何がいけなかったのか……ここで失敗すると、世界提案ができなくなる……。

休憩時間に、W氏に「補足説明がしたい」と申し入れた結果、先方の幹部5名、こちらも5名で会合を持つことになった。

W氏は、「我々は第三世界（途上国）3000のNGOの代表だ。我々は失望している。先進国の政府もNGOもいつもだます。今回のような提案は何度も聞いた。しかし結局、それは先進国の利権を拡大するものばかりだった。もう我々はだまされない。まずお前たちは、自分たちのやってきたことを謝罪すべきだ。そして我々をリスペクトしなければならない。誠意をもって我々に接するべきだ」と不機嫌なスピーチをした。

私は自分が「南北対立」のど真ん中にいることを知った。

私のふだんのスタンスとは全く別の立場なのだ。

「非対立」、「非対立」……。私は覚悟してスピーチを始めた。


「まず謝罪する。現状の飢餓、貧困、戦争、環境破壊のほとんどすべての責任は先進国にある。先進国の経済拡大、利益追求、それが問題を起こし悪化させている。このままでは破局が避けられない。その責任は我々先進国にある」

私がこう話し始めると、先方5人は驚きの声を上げた。ふんぞり返って不愉快そうにしていたW氏も座りなおし、真剣に聞き始めた。この変化に私は力を得た。

「私たちは、国内や国際会議で、その過ちを正すための活動をしてきた。すでに3000回そのことを話し、国内では100万人以上に訴えてきた。私たちは日本最大のNGOとしてここに来た。あの提案を聞いてもらいたい。

(ここから『地球市民国連』構想について説明)

この実現に向けて、あなた方の力を貸してほしい。あなた方の力がなくては、この世界を変えることができない。私たちはこの夢と希望をもって、このメッセージをもってここに来た。現状を救うために国を超えて、宗教を超えて、民族を超えて、怒りと憤りと悲しみを超えて、私たちは手をつなぐべきではないだろうか」

最後の方では、私も涙が溢れ、彼らも泣いていた。

私がスピーチを終えたとき、先方のトップ（ゴードン）が立ち上がった。

肌の色は真っ黒だが長身の紳士で、私よりもはるかに背が高かった。

（※この人は２００２年ヨハネスブルグサミットの開会式でマンデラ大統領の代わりに感動的なスピーチをした）

ゴードンは満面の笑みをたたえて、私に握手を求めてきた。

「感動した！　これほど誠意に満ちたスピーチは聞いたことがない！　あなたは先進国の誤りを認め、あなたは我々の智恵と伝統を学ぼうとしている。あなたは謙虚だ。その気持ちはきっとみんなに伝わるだろう。わかった。『地球市民国連』構想を私たちも全力で応援しよう。共同提案しよう」と言ってくれた。双方、全員が立ち上がり、互いに握手を交わし抱擁（ハグ）し合った。まさに感動的な場面だった。

これは「非対立」が国際舞台で初めての大きな成功をおさめた瞬間で、今も忘れられない。

12. 高橋竹山さん

私の感動体験を紹介する。

盲目の津軽三味線の名人、高橋竹山さん（1910～1997）は津軽三味線一つで、食べるため生きるため苦しく貧しい生活を続けた。雪の中で、石を投げられたり、三味線を壊されたり、盲目で戦争にも行けん、働けん、役にも立たん、ゴク潰し、非国民と言われて、ひどい仕打ちを受けたそうだ。50歳を過ぎてようやく世の中で認められ、全国で演奏会、海外にも招かれるなど、文化勲章も受章し、晩年は自分の人生を語りながら演奏した。

「あの頃、私は誠に苦しい体験をしました……叩かれ、蹴られ、石を投げられ、三味線を壊されました……当時、その人たちが憎かった……なぜそこまでするのか……つらかった、苦しかった、悲しかった……でも今、その人たちに申し上げたい……」

竹山さんは、居住まいをただした。

私は、彼の語る言葉を予想した。

「もうあなたを恨んでいません……あなたを許します……」と。

ところが、なんと、それは……

「私を許してください」だったのだ！……。

私は驚き、自分の耳を疑った。
長く、その意味を考えさせられた。
その真意は、あまりにも深い。

13. マザー・テレサの祈り

主よ、私は、自分の心が愛に満ちていると思い込んでいました。
でも心に手を当ててみて、気づかされました。
私が愛していたのは、他人ではなく、他人の中の自分を愛していた事実に。
主よ、私が自分自身から解放されますように。

主よ、私は、与えるべきものは何でも与えていたと思い込んでいました。
でも胸に手を当ててみて、真実がわかったのです。
私の方こそ、与えられていたのだと。
主よ、私が自分自身から解放されますように。

主よ、私は、自分が貧しい者であると思い込んでいました。
でも胸に手を当ててみて、本音に気づかされました。
私は思い上がりと妬みとの心に膨れ上がっていたことを。
主よ、私が自分自身から解放されますように。

マザーが、あんなに愛に満ちた生活の中で、
このような祈りを捧げていたとは！……
涙が溢れてくる……。

第六章　『非対立』に生きる

1．『非対立』は実現できる

「非対立」は対立しないことだが、我慢することや諦めることではない。

「非対立」は「避対立」ではなく、「対立せずに問題を解決すること」なのだ。

「非対立」は、怒りや「自分が正しい、相手が間違っている」という「対立」の気持ちをもたないこと。

「そんなこと無理！」と思うかもしれないが、次のことが本当にわかれば必ずできる。
1．本当に問題を解決したいなら、「非対立」が第一歩なのだ。
2．「正しい、正しくない」は自分勝手なモノサシなのだ。
3．「受け止める」ことができれば、「怒り」や「混乱」はほどけてくる。

●笑顔、笑声、笑心（えがお、えごえ、えごころ）

これも「非対立」の重要なポイントだ。

笑顔というのは単に顔だけではなく、声も言葉も笑っていることが必要なのだ。ところであなたは、人といる時どれくらい笑顔だろうか。なかなか自分ではわからないものだ。自分では笑顔のつもりでも、あとでＶＴＲを見たり、親しい人に聞いてみると、意外に笑顔でないことがわかるだろう。

笑顔の反対は、仏頂面、シケ面、無表情で、周りの人には嫌な印象を与える。

無表情は「表情がない」と書くが、これには二種類ある。

一つは、情はあるけれど顔には現れない人と、もう一つは、情が無いから顔にも現れない。どっちも周りには不気味だが、後者は心（感情）が壊れている可能性がある。

病気かも知れないから、専門医に診てもらった方がいい。

笑顔は人間関係の潤滑油だから、50％以上笑顔でいることを意識しよう。

「ねば、べき」をはずす

苦しい気持ちの時、ほとんど「ねば、べき」がある。

「しなければならない」と思えばしんどいものだが、「したいか、したくないか」で考えてみると、気分は大きく変わる。

私は毎日走っている。さぼると楽だが、あとで取り戻すのはかえってしんどい。

私は毎日本書きをする。さぼると楽だが、あとで取り戻すのが大変。

それなら目先の楽な方を選ぶより、何手か先を読んで、自分に合った方を選ぶ方がいい。

モノサシをはずす

第四章で書いたように、私たちはたくさんのモノサシを持っている。

モノサシは何本くらいあるだろうか。

煩悩の数だけあると言われるが、煩悩はいくつあるだろうか。

「108?」まさか。昔はそうだったかもしれないが、いまはそんなものではない。

それこそ寺の鐘の周りに100人くらいがびっしりと並んで、あんな悠長な鳴らし方ではなく、両手に木槌でももって連打、連打で1時間、鳴らしっぱなしでも厄払いは無理だろう。日本人なら誰でも何百万というモノサシが突き刺さっているだろう。

生まれたての赤ちゃんはDNA（遺伝子）に組み込まれたものだけしか持っていないし、それだけで生きていけるのだが、現状の日本は、5歳までに数百、10歳までに数千、20歳までの数万、気の毒に年を重ねるごとに何十万、何百万とモノサシが増えていく。

心を病んだり、生きていけなくなったり、引きこもったり、逃げ出したり、投げ出したりするのは当然だろう。交通ルール、刑法、マナーくらいは守った方がいいが、「ねば、べき」や「モノサシ」をはずして、初心にかえった方がいい。

●答えは7つ

「ねば、べき」「モノサシ」が多いのは、日本の「○×教育」に大きな原因がある。

自分で考えず、答えを暗記させる教育、「答えは1つ」という教育。そのために仕組みや原理、理由を考えなかったり、理解せずに覚えてしまうから、相手の考えを理解したり、自分の考えを説明することが苦手。コミュニケーションも苦手。

「答えは7つ」というのはアメリカ先住民のことわざだが、「答えはいくらでもある」という考え方だ。事実、どんなことも「これしかない」などと考えず、いろんな可能性があるものだし、いろんな考え方（多様性）を認め合うことはとても大切なことなのだ。

　こういう柔軟な考え方を持てば、「対立」は起こらないのだ。

　そのためにも、日本の教育（ティーチング）を柔軟な考え方（コーチング）に改める必要がある。※「コーチング」については別の本でまとめます。

●わかる

「わかる」という言葉は奥が深い。

「わかる」はもともとの日本語としては「分かる」と書き、「過去と分かれる」「過去と決別をする」という意味なのだ。つまり、「本当にわかれば人が変わる」という意味なのだ。

　軽々と「わかった、わかった、でもね」などというものではないのだ。

　しかし現代では、単に「聞いたことがある」程度のことでも、はっきりと知らないことでも「わかっている」といったりする。それは相手にも失礼だし、自分を粗末にしているとも言える。ぜひ、これからは、「わかった」と言う場合には、それを守る覚悟をもつこと。

わかれば、変わる。
わからないから、変わらない。

2. 宮沢賢治さん

宮沢賢治さんの詩は、ほとんどが「非対立」で貫かれている。
特に、「雨ニモ負ケズ、風ニモ負ケズ」の最後の部分、ここはすごい。

欲はなく　決して怒らず　いつも静かに笑っている
あらゆることを　自分を勘定に入れずに
よく見聞きし　わかり　そして忘れず
ほめられもせず　苦にもされず　そんなものに私はなりたい

この詩は死後、彼が大切にしていたカバンの中の手帳から発見されたのだそうだ。
「死を覚悟した時、死を意識して書かれたらしい」ということだった。
37歳でこの世を去った詩人宮沢賢治さんを思えば涙が溢れる……。

「雨ニモ負ケズ、風ニモ負ケズ」（現代仮名遣い）

あらためて読んでいただきたい。
一貫して「非対立」、つまり対立せずに問題解決の姿勢を表しているのだ。

雨にも負けず　風にも負けず
雪にも　夏の暑さにも負けぬ　丈夫な体をもち
欲はなく　決して怒らず　いつも静かに笑っている

一日に玄米四合と　味噌と少しの野菜を食べ
あらゆることを　自分を勘定に入れずに
よく見聞きし　わかり　そして忘れず

野原の松の林の陰の　小さな萱ぶきの小屋に居て
東に病気の子どもあれば　行って看病してやり
西に疲れた母あれば　行ってその稲の束を負い

南に死にそうな人あれば　行って怖がらなくてもいいと言い
北に喧嘩や訴訟があれば　つまらないからやめろと言い
日照りの時は涙を流し　寒さの夏はおろおろ歩き
みんなにでくの棒と呼ばれ　ほめられもせず　苦にもされず
そういうものに　私はなりたい

3．私たちは宇宙から来た

哲学の第ゼロ命題は「人はどこから来て、どこに帰るのか」「いのちとは何か」「自分とはなにか」ということだが、これは「永遠に解けない」と言われているが、私はこのことを、あの交通事故の時に知った。

ここでは、その一部を書いておこう。

私たちには肉体と意識がある。

肉体は60兆個の細胞（10の27乗個の分子）によって作られている。

分子は土から来て土に還るのだが、もとは宇宙の星屑（スターダスト）なのだ。

つまり私たちの身体は宇宙から来た。

では私たちの意識はどこから来たのか。

二つの考え方があり、一つは脳細胞の記憶、連想だという考え方と、もう一つは身体全体の細胞が生み出す集合意識だという考え方がある。ということは、意識も宇宙から来て宇宙に還るのだ。

そう、人間も動物も宇宙からやってきたのだ。そういう意味では私たちは宇宙人なのだ。つかの間の肉体、つかの間の一生を、「損得や利害」、「自分が正しい、相手が間違っている」などで争うのは、あまりにもつまらない。

もっとおおらかに命を楽しもうではないか。

本当にわかれば、「非対立」はかんたんなのだ。

●ワンネス

私たちは元素によって作られ、その元素は宇宙からやってきたのだ。

肉体は死ねば土に還るが、いずれ太陽が燃え尽きる頃には地球も宇宙に還るから、私たちも宇宙に還ると言えるし、精神も宇宙に還ると言える。

土に還った時にもワンネス（一つ）になるし、宇宙に還った時も、もっと大きなワンネス（一つ）になるのだ。

「私の身体」「私の意識」という区別は無くなり、すべてが一つになるのだ。

●私たちの使命

「人間は他の動物とは違う。人間には知性がある。他の動物にはできないことができる。それが人間の使命であり、それが人間存在の意味だ」という考え方もある。

「神は、人間を神の代理人として世界を治めるために作りたもうた」という考え方もある。

もしそうならば、いつまで愚かな戦いや破壊を続けているのだろう。

さっさと、自然のままか、より美しい世界を作るべきではないだろうか。

現状の世界は、戦争、核兵器、原発、放射能汚染、化学汚染、環境破壊、飢餓貧困、経済格差が大きな脅威であり大きな問題なのに、解決どころか、それを悪化させているではないか。人間は地球上で、最も愚かで迷惑で、危険極まりない生物ではないだろうか。

人間は、何のために大きな脳を持ち、自意識を持ち、強い意志を持っているのだろう。

身勝手なことをして自然を破壊するためではないはずだ。

自然界の動物は調和とバランスで生きられるのに、人間だけが自然を破壊し、バランスも調和も実現できない。なんと愚かなことをしているのだろう。

しかし、これほどの科学力、技術力をもち、これほどの社会を実現した人間だから、「自然と調和した幸せな社会」は実現できるのではないだろうか。

●みんな血はつながっている

自分の親は2人、その親は4人、そのまた親は8人、そのまた親は16人。ここまで自分の親32人は、みんな血がつながっている。もしこの32人の一人でもいなければ自分はいない。

こうしてたどっていくと、10世代で１０２４人、20世代で約１００万人、30世代で約10億人。もし、この10億人の一人でもいなければ自分はいない。時代で言えば、10世代は約２００年、20世代で約４００年、30世代で約６００年。６００年前は室町時代。

６００年前までさかのぼれば、私の先祖も10億人、あなたの先祖も10億人。

しかし室町時代の世界の人口は4億人しかいない。

ということは、600年さかのぼれば私たちはみんな血がつながる、つまり親戚だということだ。

本当にそのことがわかれば、こころが温かくなると思う。

「損だ、得だ」、「家族だ、他人だ」など、目先のことに過ぎないのだ。

動物たちはDNA（遺伝子）で、そのことが刻まれ、そのことがわかっているから、私たちのように愚かな殺し合い、戦争はしないのではないだろうか。

私たちもそのことが本当にわかれば、「非対立」は当たり前にできるのだ。

4. 幸せな世界

「自然と調和した幸せな社会」とはどんな世界だろう。

私は、それを『地球村』と呼び、その実現に向けて活動を続けてきた。

この本の最後に、私が実現を願っている「自然と調和する幸せな世界」についてメモしておく。

・自給自足のいなか暮らし

・自然と調和、必要最小限、永続
・お金は存在しない（シェアする、分かち合う）
・所有は無い（共同する、共有する）
・みんなで相談する
・判断の基準は、自然との調和、みんなが幸せ
・社会のベース（動機づけ）は、感謝、信頼、安心、喜び

未来を決めるのはあなた

夢物語と思うかもしれないが、
戦後の焼け野原から、現在の日本を見ると「夢」のようだろう。
飢餓貧困の国から、飽食の日本を見ると「夢」のようだろう。
わずか数十年で日本は大きく変わった。
本気になれば必ず実現できる。

●実現のステップ

・事実を知る、事実を知らせる。
・実践する、できることをする。
・解決に向けてネットワークを広げる。
・そのために、「非対立」を身につけること。
・「非対立」とは、対立せずに問題を解決すること。
・怒りやモノサシを捨てること。
・どんなことがあってもあきらめないこと。
・希望を持ち続けること。
・笑顔、笑声、笑心

イマジン　～イメージしてごらん～

ジョン　レノン
（訳　高木善之）

イメージしてごらん
天国や地獄なんてないんだ
難しいことじゃないよ
見上げれば　ただ空が広がっているだけさ
みんな　今を生きているんだ

イメージしてごらん
国や国境なんてないんだ
そして宗教なんてのもないんだ

簡単なことだよ
そのために　殺し合ったりしなくていいんだ
みんな　平和に生きられるんだ

イメージしてごらん
所有なんてないんだ
欲張りしたり、争ったり、飢えることもないんだ
僕たちは　家族なんだ
たった一つの世界に　分かち合って生きているんだ

君は僕のことを「夢見る人」って思うかもしれない
でも、それを願っているのは　僕だけじゃない
君もいつかきっと、僕の仲間になり
この世界は　一つになるんだ！

あとがき

もし、あなたの中に「非対立」が根を下ろしたなら、変化が始まるだろう。世界が明るくなり、人がいとおしくなり、感性が豊かになり、景色がきれいになり、食べ物がおいしくなるだろう。やさしくなり、笑顔が増えるだろう。

「りょうかい」「なるほど」「いいね」「やってみてごらん」と言えるようになるだろう。これまで心配や重荷に感じていたことも、「ああ、そうか。わかった。自分だった。自分が自分を苦しめていたんだ。自分が自分を認めればいいんだ」と気づくだろう。

すべての悩み、怒り、不安の原因は、自分のモノサシ（囚われ、思い込み）なのだ。モノサシからの開放が自分からの解放、怒りや悩み、不安からの解放なのだ。

学生運動をしていた当時の私の夢は、こうだった。

ある日、目覚めれば、世界が変わっていた。

人々が手を取り合っていた。笑い合っていた。

喜びの言葉を語り、喜びの涙を流していた。
歌っていた。踊っていた。泣いていた。
そうだ、戦いが終わったのだ。永遠に戦いが終わったのだ。
そして平和がやってきたのだ。本当の平和が。

私の願いは、
あなたが自分を好きになること。自分を愛すること。
みんながみんなを好きになること。みんなを愛すること。
この世界が少しでも平和に近づくこと。もうあと戻りしないこと。

高木 善之（たかぎよしゆき）

大阪大学物理学科卒業、パナソニック在職中はフロン全廃、割り箸撤廃、環境憲章策定、森林保全など環境行政を推進。ピアノ、声楽、合唱指揮など音楽分野でも活躍。

1991年　環境と平和の国際団体『地球村』を設立。リオ地球サミット、欧州環境会議、沖縄サミット、ヨハネスブルグ環境サミットなどに参加。

著書は、『地球村とは』『幸せな生き方』『平和のつくり方』『軍隊を廃止した国 コスタリカ』『すてきな対話法 MM』『びっくり！　よくわかる日本の選挙』『キューバの奇跡』『大震災と原発事故の真相』『ありがとう』『オーケストラ指揮法』『宇宙船地球号はいま』『宇宙船地球号のゆくえ』など多数。

『地球村』公式サイト
（高木善之ブログ・講演会スケジュール・環境情報など）
http://www.chikyumura.org

『地球村』通販サイト EcoShop
http://www.chikyumura.or.jp

お問合せ先：『地球村』出版（ネットワーク『地球村』事務局内）
〒530-0027 大阪市北区堂山町 1-5-301
TEL:06-6311-0326　FAX:06-6311-0321
http://www.chikyumura.org
Email:office@chikyumura.org

郵便はがき

恐れ入りますが 切手を貼って お出し下さい

530 0027

大阪市北区堂山町1-5-301

NPO法人
ネットワーク『地球村』
出版部 行

ふりがな お名前		男・女	年齢 歳

●書籍名（　　　　　　　　　　　　　　　　）

●本書を何でお知りになりましたか

（　　　　　　　　　　　　　　　　）

●ご感想、メッセージをご記入ください。

●環境や平和を願う人が増えることで社会は変わります。
あなたも『地球村』の仲間になりませんか？

☐ 資料がほしい

ご記入ありがとうございました。

注文票 ●郵送または FAX でご送付ください

ふりがな	
お名前	
ご住所	〒 都道 府県
● TEL	● FAX
● E-mail（ @ ）	

書名	数量	内容	価格
●ありがとう	冊	心温まる、やさしさと気づきのありがとうシリーズです。	小冊子シリーズ各巻260円 ※シリーズ合計100冊以上で各単価2割引となります。
●受け止める	冊		
●いのち	冊		
●地球村紀行 vol.2 キューバの奇跡	冊	こんな国なら暮らしてみたい！悲劇を幸福に変えた奇跡とは…	
●すてきな対話法MM	冊	きっとあなたは元気になる「みんなで学ぶ、みんなに学ぶ」対話法。	
●平和のつくり方	冊	安心な未来を子どもたちに残すために、あなたができること。	300円
●地球村紀行 vol.3 軍隊を廃止した国コスタリカ	冊	平和の国コスタリカに日本が今学ぶべき11のこと。	300円
●宇宙船地球号はいま	冊	明るい未来実現の為に、地球環境や社会の現実を知りましょう。	800円
●宇宙船地球号のゆくえ	冊	美しい地球、永続可能な未来へ向けて、ビジョンをまとめた書。	800円
●非対立	冊	あなたの中に「非対立」が根を下ろしたら、世界は大きく変わる。	1,000円

支払方法 1～3のいずれかに○をおつけください。

1. 郵便振込（前払い）　2. 銀行振込（前払い）　3. 代引（手数料 350 円＋送料）

○お買い上げ額 1,000 円まで→ 送料 300 円、1,001 ～ 9,999 円→ 送料 500 円
10,000 円以上→送料無料です。合計額と振込先を折り返しご案内いたします。

●お申込先：ネットワーク『地球村』出版部
TEL：06-6311-0326　FAX：06-6311-0321
http://www.chikyumura.or.jp

非対立

2016年3月6日　初版第1刷発行
著　者　高木善之
発行人　高木善之
発行所　ＮＰＯ法人ネットワーク『地球村』
〒530-0027
大阪市北区堂山町1-5-301
TEL 06-6311-0326　FAX 06-6311-0321
装画・装丁　傍士晶子
印刷・製本　株式会社リーブル

ISBN978-4-902306-58-3 C0095